LES

LOIS MILITAIRES

RÉSUMÉES EN

TABLEAUX SYNOPTIQUES

PAR

A. WILHELM

———

ARMÉE DE TERRE, ARMÉE DE MER

VOLONTARIAT, RÉSERVES, ARMÉE TERRITORIALE

PÉNALITÉS, RÉQUISITIONS

———

PRIX : UN FRANC

———

PARIS

CHALLAMEL AÎNÉ, LIBRAIRE-ÉDITEUR

5, RUE JACOB, 5

ET CHEZ TOUS LES LIBRAIRES

1879 — *Tous droits réservés.*

AVERTISSEMENT

Ce travail a pour but de vulgariser la connaissance des devoirs multiples qu'impose désormais à tout Français la nouvelle législation militaire. Ces obligations, consignées dans des textes nombreux, sont encore aujourd'hui superficiellement connues de ceux qu'elles concernent le plus directement, et il n'est pas toujours aisé aux intéressés de découvrir dans les nombreux actes intervenus (lois, décrets, règlements ou circulaires ministérielles) les indications dont ils ont besoin.

Les tableaux ci-après, qui résument les principales dispositions applicables à chaque catégorie d'individus et contiennent l'indication précise des textes où l'on pourra puiser de plus amples renseignements, sont de nature à faciliter le travail du personnel nombreux de l'administration militaire, et permettront aux simples citoyens de connaître des prescriptions qu'ils ne doivent pas ignorer. Les trois derniers tableaux présentent ce qui a trait au droit de réquisition, à la réparation des dommages causés par suite des ordres de l'autorité militaire, ainsi qu'au rôle si important des maires en matière de recrutement, de réquisition et de mobilisation.

NOTA. — *Les lois et décrets cités se trouvent tant au* Bulletin des lois *qu'au* Journal militaire officiel *(partie réglementaire) : c'est encore dans cette dernière publication que figurent les circulaires et décisions ministérielles relatives à l'armée de terre; quant aux instructions spéciales à l'armée de mer, elles sont insérées au* Bulletin officiel de la marine.

TABLE DES MATIÈRES

	Pages
Personnes soumises au service militaire..	5
Exemptions, dispenses et sursis d'appel...	6
Armée active...	7
Réserve de l'armée active..	8
Officiers de réserve...	9
Armée territoriale et sa réserve...	10
Armée de mer...	11
Non-disponibles..	12
Engagements conditionnels d'un an (Volontariat)..................................	13
Compétence et pénalité générales...	14
Délits et peines prévus par la loi du recrutement................................	15
Obligations et pénalités spéciales	16
Droit de réquisition	17
Dommages et remboursement..	18
Rôle des maires en matière de recrutement, de mobilisation et de réquisition......	19
Table alphabétique...	21

Personnes soumises au service militaire

(Loi du 27 juillet 1872, art. 1-12, 36 et 37.)

Est astreint au service militaire : tout Français âgé de 20 à 40 ans.

Ne peuvent à aucun titre servir dans l'armée
- les individus condamnés à une peine afflictive ou infamante (travaux forcés, déportation, détention, reclusion, bannissement, dégradation civique);
- ceux qui, condamnés à deux ans de prison au moins, ont été, en outre, placés sous la surveillance de la haute police et interdits en tout ou en partie des droits civiques, civils et de famille. (Art. 42 du Code pénal.)

Sont portés sur les listes du recrutement (4)
- les Français âgés de 20 ans révolus au 1er janvier qui précède le tirage (1);
- ceux qui ont été omis sur les listes des années précédentes (toutefois, s'ils ont 30 ans accomplis, ils ne sont assujettis qu'aux obligations de leur classe);
- les étrangers nés en France (2) et ayant réclamé la qualité de Français dans le cours de l'année précédente (Art. 9 du Code civil);
- les individus nés en France (2) d'un père étranger qui y est né lui-même et n'ayant pas réclamé la qualité d'étranger (Loi du 7 février 1851) (3);
- les fils d'étranger naturalisé (2) admis eux-mêmes à la naturalisation dans les conditions de la loi du 7 février 1851.

Tout jeune soldat doit accomplir (5) :
- cinq ans de service dans l'armée active, déduction faite du temps passé en détention, en insoumission ou en désertion;
- quatre ans dans la réserve de l'armée active;
- cinq ans dans l'armée territoriale (6);
- six ans dans la réserve de l'armée territoriale.

Les engagés volontaires
- doivent accomplir, dans la réserve et l'armée territoriale, le même temps de service que les jeunes soldats;
- marchent, en cas d'appel ultérieur, avec la classe appelée dans l'année de leur engagement (7).

Le temps passé dans l'armée active en vertu de rengagements successifs souscrits par un militaire se déduit des années de service qu'il aurait dû accomplir dans la réserve ou dans l'armée territoriale.

NOTA. — L'Algérie est soumise à une législation militaire spéciale (Loi du 6 novembre 1875), applicable aux individus nés ou domiciliés en Algérie ou qui s'engagent à y résider dix années ; ils ne sont astreints qu'à un an de service actif, mais peuvent, en cas d'insurrection, être appelés sous les drapeaux même après quarante ans.

---

(1) Pour savoir à quelle classe appartient normalement un jeune soldat, il suffit d'ajouter 20 au millésime de sa naissance.

(2) Aux termes de l'art. 9 de la loi du 27 juillet 1872, les individus de ces trois catégories ne sont assujettis qu'aux obligations de la classe à laquelle ils appartiennent par leur âge : il s'ensuit que, ne pouvant être appelés qu'après leur vingt et unième année, ils bénéficient d'une année de service actif au moins.

(3) La loi du 16 décembre 1874 a donné à ces jeunes gens accès dans les écoles militaires dès l'âge de 18 ans, pourvu qu'ils renoncent, avec l'autorisation de leur père ou tuteur, à réclamer ultérieurement la qualité d'étranger : ils peuvent, aux mêmes conditions, contracter un engagement volontaire de cinq ans ou d'une année.

(4) Ceux de ces individus qui appartiennent aux armées de terre ou de mer en vertu d'un brevet, d'une commission, ou en qualité d'inscrits maritimes, figurent, sur ces mêmes listes, dans une catégorie spéciale.

(5) Ce temps court, pour la première période, du 1er juillet qui suit le tirage au sort et, pour les périodes suivantes, du 1er juillet des années correspondantes.

(6) Aux termes de la loi du 4 décembre 1875, les hommes de l'armée de mer soumis, durant leur période de service actif, aux fatigues et aux dangers de la navigation ou du séjour aux colonies, sont, par compensation, dispensés du service dans l'armée territoriale : ils passent directement de la réserve de l'armée active dans celle de l'armée territoriale. Cette disposition n'est applicable ni aux inscrits maritimes, ni aux hommes appartenant aux classes antérieures à 1867. (Circ. du 26 juillet 1877.)

(7) Pour connaître la classe avec laquelle doit être rappelé un engagé volontaire, il suffit de retrancher 1 du millésime de son engagement : ainsi, un jeune homme engagé en 1878 marche avec la classe 1877. (Circ. du 20 août 1878, déterminant les classes de mobilisation.)

Exemptions, dispenses et sursis d'appel.

(Loi du 27 juillet 1872, art. 16-26.)

1° Sont exemptés définitivement du service militaire : ceux que leurs infirmités rendent impropres à tout service actif ou auxiliaire (1). (Instruction médicale du 27 février 1877.)

2° Sont dispensés du service actif en temps de paix (2)
- l'aîné d'orphelins de père et de mère ;
- l'aîné des fils valides (3) :
  - d'une femme veuve ou dont le mari a été déclaré absent ;
  - d'un père aveugle ou entré dans sa 70° année ;
- le plus âgé de deux frères concourant au même tirage, si le plus jeune est propre au service ;
- celui dont un frère est sous les drapeaux ;
- celui dont un frère est mort en activité de service, a été réformé ou retraité pour blessures reçues en service commandé, ou infirmités contractées dans les armées de terre ou de mer.

3° Sont ajournés deux ans de suite s'il y a lieu :
- ceux qui n'ont pas la taille de 1m 54 ;
- ceux qui sont d'une complexion trop faible.

4° Sont dispensés du service militaire à titre conditionnel :
- les membres de l'Instruction publique,
- les élèves de l'Ecole normale supérieure,
- les professeurs des institutions nationales des sourds-muets ou jeunes aveugles,
- les élèves pensionnaires de l'Ecole des langues orientales,
- les élèves titulaires de l'Ecole des chartes,
- les membres et novices des associations religieuses vouées à l'enseignement, } à charge de passer dix ans dans l'enseignement, les écoles ou le service de l'Etat ;
- les élèves ecclésiastiques, à charge d'être entrés dans les ordres majeurs avant l'âge de 26 ans :
- les étudiants des autres cultes salariés par l'Etat, pourvu qu'ils aient reçu la consécration avant l'âge de 26 ans ;
- les prix de Rome, à charge de remplir leurs obligations envers l'Etat.

5° Sont dispensés à titre provisoire en temps de paix, dans une proportion de 4 p. 0/0 des hommes bons pour le service, et sur la désignation des conseils municipaux, les jeunes gens remplissant effectivement les devoirs de soutiens de famille.

6° Peuvent obtenir en temps de paix, un sursis (4), pour une durée d'une année, renouvelable 1 fois au plus et dans la proportion de 4 p. 0/0 des hommes bons pour le service, ceux dont le maintien est indispensable pour leur apprentissage ; pour une exploitation agricole, industrielle, commerciale.

Les dispensés des nos 2, 5 et 6
- sont astreints en temps de paix à des revues et exercices (Circ. du ministre de la guerre, le 18 février 1874) ;
- sont soumis aux obligations de leur classe si les causes de dispenses viennent à cesser ; excepté en ce qui touche les trois derniers cas du n° 2, (Instruction du 28 avril 1873, § 116) ;
- sont appelés, en cas de guerre, comme les hommes de leur classe.

---

(1) Sont classés dans les services auxiliaires et dispensés à ce titre de tout service en temps de paix et de service actif en temps de guerre ceux qui n'ont pas la taille de 1m 54 et ceux qui sont d'une complexion trop faible. En cas de mobilisation, ils peuvent être appelés sans distinction de classe (Décret du 26 février 1876) et sont assujettis à des emplois spéciaux. (Instruction du 28 mars 1877.)

(2) Ces causes doivent, autant que possible, être mentionnées sur la liste du recrutement et déclarées lors du tirage au sort.

(3) A défaut de fils ou de gendre, l'aîné des petits-fils valide bénéficie de cette cause de dispense.

(4) A la condition de le demander avant le tirage au sort.

Armée active.

(Loi du 27 juillet 1872, art. 39 à 52 ; Loi du 18 novembre 1875 et loi du 22 juin 1878.)

COMPOSITION.

L'armée active comprend:

1° Activité (1)

Engagés volontaires (Décrets des 30 nov. 1872 et 28 juin 1878)
- d'une année (voir les règles, page 13);
- de cinq ans (ils devront savoir lire et écrire à partir du 1er janvier 1880. — Loi du 9 décembre 1875);
- pour la durée d'une guerre, pourvu qu'ils soient déjà libérés de l'armée active et de sa réserve.

NOTA : Ces engagements ne sont reçus que du 1er au 31 mars, et du 1er octobre au 30 novembre de chaque année, et seulement pour les corps désignés par le ministre de la guerre.

rengagés aux conditions suivantes :

brigadiers caporaux et soldats
- pour 2 ans au moins et 5 ans au plus;
- de façon à n'être pas maintenus au service au delà de 35 ans;
- avec droit à une haute paye;

sous-officiers (Loi du 22 juin 1878)
- pour 5 ans, rengagement renouvelable seulement une fois;
- dans le corps où ils ont déjà servi, à moins d'une autorisation spéciale du Ministre;
- avec droit
  - à une haute paye, à une première mise d'entretien et à une indemnité de rengagement;
  - après 10 ans de service, dont 4 comme sous-officiers, à certains emplois (Loi du 24 juillet 1873);
  - après 15 ans de service, à une pension de retraite cumulable avec le traitement de l'emploi qu'ils peuvent obtenir. (Voir le détail à la Loi du 22 juin 1878.)

Jeunes soldats. — Jeunes gens appelés au service par leur âge et classés, eu égard à leur numéro de tirage au sort, dans la première portion du contingent;

Substituants. — La substitution de numéro n'est permise qu'entre frères concourant au même tirage;

Jeunes soldats affectés à l'armée de mer à raison de leur numéro et ayant obtenu de permuter avec un jeune soldat de la même classe de l'armée de terre (2);

Elèves présents dans les écoles polytechnique et forestière. (Loi du 27 juillet 1872.)

2° Disponibilité (3)

Jeunes soldats appelés au service par leur âge et classés, eu égard à leur numéro de tirage au sort, dans la seconde portion du contingent (4);

Elèves des écoles polytechnique et forestière ayant satisfait aux examens de sortie;

Militaires de l'activité (5) ayant une cause de dispense née postérieurement à la révision;

Engagés conditionnels d'un an ayant satisfait aux examens exigés.

(V. instr. minist. du 12 févr. 1874 sur la disponibilité de l'armée active.)

3° Réserve, voir page 8.

OBLIGATIONS.

Les hommes de l'activité

sont justiciables des tribunaux ordinaires
- en principe, des conseils de guerre pour tous crimes ou délits.
- pour faits de chasse, pêche, douane, contributions indirectes, octrois, forêts, grande voirie (Code militaire, art. 273);
- pour crimes et délits de droit commun commis pendant un congé ou durant une désertion. (Code militaire, art. 57.)

sont astreints à la pénalité militaire. (Code militaire, art. 204 à 266.)

sont passibles de punitions disciplinaires ne pouvant excéder deux mois de prison,
- en répression des contraventions de police qu'ils peuvent commettre (Art. 271, Code militaire);
- pour infractions aux règlements militaires.

Les hommes de la disponibilité

sont justiciables
- des conseils de guerre pour crimes et délits militaires;
- des tribunaux ordinaires pour faits de droit commun.

sont astreints à la pénalité militaire;

sont passibles de punitions disciplinaires pour infraction à la discipline militaire;

sont astreints à certaines revues et à des exercices déterminés par le ministre de la guerre.

(Décret du 17 février 1874.)

---

(1) A cette énumération, il convient d'ajouter, pour être complet, les officiers ou assimilés et tous les individus qui appartiennent à l'armée active en vertu d'un brevet ou d'une commission. (Voir Loi du 15 décembre 1875, art. 35, sur les commissionnés, et loi du 13 mars 1875 sur les cadres de l'armée.)

(2) Aux termes du Décret du 18 juin 1873, ces permutations ont lieu sans accord préalable entre les intéressés et seulement dans la proportion des demandes respectives qui doivent être adressées au commandant du dépôt de recrutement du département. — En cas d'inégalité entre le nombre des demandes, les individus admis à permuter sont désignés par voie de tirage au sort public. — Ne sont jamais admis à permuter : les individus incorporés dans l'armée de mer en vertu de leur choix, ceux auxquels les premiers numéros sont attribués à titre de peine.

(3) Ils peuvent se marier sans autorisation.

(4) Cette catégorie se compose des jeunes gens qui, suivant l'expression familière, ont tiré un bon numéro. — Ils n'entrent, ainsi que les engagés conditionnels d'un an, dans la disponibilité, que lorsqu'ils sont renvoyés dans leurs foyers. — Ils passent de droit dans l'armée territoriale s'ils sont pères de quatre enfants vivants.

(5) Cette cause de mise en disponibilité est applicable même aux engagés volontaires d'un an (Circ. du 9 mars 1875); mais elle entraîne déchéance des avantages réservés à cette catégorie et perte des 1500 fr. versés. En aucun cas elle ne peut être étendue à celui qui, par sa présence sous les drapeaux, a déjà dispensé un de ses frères.

Réserve de l'Armée active.

(Loi du 27 juillet 1872, art. 43 et 44; et Loi du 18 novembre 1875.)

COMPOSITION.

La réserve de l'armée active comprend (1)

un corps d'officiers dits : de réserve, servant au titre auxiliaire. (Voir page 9.)

un cadre de sous-officiers choisis parmi
- les anciens sous-officiers libérés ;
- les engagés conditionnels d'un an pourvus d'un brevet de sous-officier.

les jeunes soldats
- envoyés dans la réserve depuis moins de 4 ans (2) ;
- appartenant aux classes antérieures à 1872 et se trouvant dans le même cas. (Disposition transitoire.)

OBLIGATIONS.

Les hommes de la réserve (3)

sont assujettis
- en temps de guerre, au même service et aux mêmes règles que l'armée active (voir page 7) ;
- en temps de paix
  - à deux périodes de manœuvres d'une durée de 4 semaines au plus ;
  - à des obligations spéciales. (Voir le détail, page 16.)

doivent, en cas d'appel, rallier au jour fixé le chef-lieu de leur subdivision de recrutement ou leur corps. (Voir, page 15, les délais d'insoumission.)

sont justiciables

des conseils de guerre
- pour tous crimes ou délits
  - en cas de mobilisation, de l'appel au congédiement,
  - en cas de convocation, de l'arrivée ou de la réunion en détachement jusqu'au renvoi ;
  - lorsqu'ils sont hospitalisés, escortés ou écroués comme militaires.
- pour tous crimes ou délits militaires, lorsqu'ils ont agi en uniforme (4) ;
- pour certains crimes ou délits militaires (5), lorsqu'ils ont été congédiés après appel sous les drapeaux.

des tribunaux ordinaires
- pour faits de droit commun, hors le cas d'appel au service ;
- pour infractions aux obligations spéciales. (Voir page 16.)

sont passibles

de la pénalité militaire
- toutes les fois qu'ils sont justiciables des conseils de guerre ;
- avec admissibilité des circonstances atténuantes en faveur de tout prévenu ayant moins de 3 mois de service, hors le cas de mobilisation.

de punitions disciplinaires (voir Décret du 16 mars 1878)
- prononcées exclusivement par les officiers généraux ou supérieurs.
- ne pouvant dépasser
  - un mois de prison pour les réservistes ayant au moins 3 mois de service ;
  - 15 jours de prison s'ils n'ont pas trois mois de service (6).
- en répression
  - des infractions spéciales (voir p. 16) ne constituant pas des délits ;
  - du retard non justifié n'excédant pas huit jours et ne constituant pas l'insoumission ;
  - des infractions à la discipline commises en uniforme (4) ;
  - des actes de désobéissance aux ordres de l'autorité militaire relatifs aux lois militaires.

des peines de droit commun dans tous les autres cas.

---

(1) Voir, page 12, l'énumération des corps organisés militairement pour le cas de guerre.
(2) Il est fait exception pour le père de 4 enfants vivants qui passe de droit dans l'armée territoriale.
(3) Ils peuvent se marier sans autorisation.
(4) L'uniforme entier n'est pas exigé ; il suffit d'un effet. (Instruction ministérielle du 18 février 1876.)
(5) Voir cette énumération ci-après, page 14, note 3.
(6) Ces trois mois de présence peuvent avoir été accomplis en plusieurs fois. (Instruction ministérielle du 18 février 1876.)

Officiers de réserve (1).

(Loi du 13 mars 1875; art. 38 et suiv.; Loi du 18 novembre 1875; et Décret du 31 août 1878.)

Les officiers de réserve sont choisis parmi

les officiers généraux et assimilés en retraite, qui en font la demande.

les officiers et assimilés
- encore liés au service dans l'armée active ou dans sa réserve;
- classés dans l'armée territoriale ou dans sa réserve;
- retraités (2) ou libérés de toute obligation militaire.

les anciens élèves des écoles polytechnique et forestière. (Art. 36 de la Loi du 24 juillet 1873 et Décret d'assimilation du 20 mars 1876.)

les engagés conditionnels d'un an
- après une seconde année de service actif et moyennant un examen. — Programme au *Journal officiel* du 17 janvier 1878.)
- après un an de service et un examen, s'ils ont obtenu le brevet de sous-officier ou la note *très-bien*. (Circ. du 19 octobre 1878. (Programme sus-visé.)

les sous-officiers libérés et signalés par leurs chefs de corps comme susceptibles d'arriver au grade d'officier.

les docteurs en médecine, pharmaciens de 1re classe et vétérinaires diplômés appartenant à la disponibilité ou à la réserve. (Ils sont affectés à un service de leur spécialité.)

les anciens officiers de la garde nationale mobile assujettis par leur âge au service dans la réserve, moyennant examen (disposition transitoire).

L'officier de réserve est

dans les cadres lorsqu'il fait partie d'un corps ou est pourvu d'un emploi, qu'il soit en activité de service ou dans ses foyers;

hors cadres, lorsqu'il est sans emploi et temporairement dispensé de tout service (maladie de plus de 6 mois, suspension disciplinaire, certaines fonctions publiques. Déc. du 24 octobre 1878).

L'officier de réserve

est soumis en tout temps
- aux lois et règlements militaires
  - lorsqu'il est régulièrement désigné pour un service;
  - lorsqu'il a revêtu son uniforme pour un motif quelconque;
- à la compétence des conseils de guerre pour crimes et délits militaires;
- pour toute infraction aux obligations militaires, aux punitions disciplinaires suivantes:
  - arrêts simples réprimande
  - arrêts de rigueur prison
  - dans les limites de durée prévues à l'art. 23 de la Loi du 18 novembre 1875 (3).

ne prend part à aucun vote lorsqu'il est présent au corps ou service auquel il est régulièrement affecté.

jouit de l'état d'officier. (Loi du 19 mai 1834.)

perd son grade
- par radiation des cadres
  - lorsqu'il a accompli le temps de service exigé, à moins qu'il ne soit maintenu sur sa demande,
  - pour infirmités reconnues incurables,
  - après trois ans de maintien hors cadres, pour raison de santé;
- par démission acceptée par le Président de la République;
- lorsqu'un jugement lui a retiré la qualité de Français (art. 17 à 21 du Code civil);
- par condamnation
  - à une peine afflictive et infamante;
  - à une peine correctionnelle en vertu des art. 379 à 407 du Code pénal (vol, abus de confiance, etc.),
  - à un emprisonnement, avec adjonction de surveillance de la haute police et d'interdiction des droits civiques, civils et de famille (art. 42 du Code pénal);
- par destitution prononcée par jugement d'un conseil de guerre;
- par révocation prononcée par décret
  - obligatoirement
    - en cas de faillite,
    - en cas de destitution, s'il est officier ministériel;
  - sur l'avis conforme d'un conseil d'enquête (4) pour faits déterminés (5);

peut être suspendu, par décision du Président de la République, pour une durée de 3 mois à un an (6).

---

(1) Voir un Décret du 9 août 1877 portant création d'un corps d'officiers de réserve de l'armée de mer et un arrêté ministériel du 28 juin 1878.

(2) Ils doivent donner avis de leur changement de résidence (note du 4 octobre 1878).

(3) Voir ci-dessus, page 8.

(4) Voir, pour la composition de ce conseil d'enquête et la procédure à suivre, le Décret du 31 août 1878 (art. 17 à 22 et tableaux annexes) et Décret du 29 juin 1878.

(5) Ces faits sont les suivants: révocation d'un emploi civil par mesure disciplinaire, faute contre l'honneur, inconduite habituelle, faute grave dans le service ou contre la discipline, condamnation à une peine correctionnelle quelconque suivant la gravité du délit, infraction réitérée aux art. 2 et 3 de la loi du 18 novembre 1875 (déclaration de domicile), écrits ou actes injurieux contre des supérieurs, divulgation de renseignements militaires, suspension d'un an au cas d'une mobilisation.

(6) La suspension remplace la peine de la privation de commission prévue aux art. 9 du Décret du 15 juillet 1875 et 8 de celui du 16 mars 1878. — En cas de mobilisation, l'officier suspendu pour moins d'un an est réintégré dans ses fonctions; si la suspension est d'une année, il est envoyé devant un conseil d'enquête dont l'avis sert de base à la révocation ou à la réintégration de l'officier.

Armée territoriale et sa réserve.

(Loi du 24 juillet 1873, art. 29 à 35; Loi du 13 mars 1875, art. 46 à 58; et Loi du 18 novembre 1875.)

COMPOSITION.

L'armée territoriale comprend

- un effectif permanent et soldé, entièrement assimilé aux militaires en activité de service;
- un corps d'officiers qui sont recrutés parmi les officiers libérés de la réserve, sont assimilés aux officiers de réserve, et peuvent être maintenus dans leur grade jusqu'à 65 ans.
- un cadre de sous-officiers choisis parmi
  - les sous-officiers provenant de la réserve de l'armée active;
  - les anciens sous-officiers maintenus, sur leur demande, au delà de 40 ans.
- les individus
  - envoyés dans l'armée territoriale depuis moins de 5 ans;
  - appartenant par leur âge à la disponibilité ou à la réserve de l'armée active, et pères de 4 enfants vivants;
  - provenant des classes antérieures à 1869 et n'ayant pas encore accompli leur quarantième année. (Disposition transitoire et rétroactive.)

OBLIGATIONS.

Les hommes de l'armée territoriale

sont assujettis
- en temps de guerre
  - au service de seconde ligne et à suppléer l'armée active;
  - aux lois de compétence, de pénalité et de discipline militaires.
- en temps de paix
  - à une période de manœuvres d'une durée de 8 jours au plus;
  - à des obligations spéciales. (Voir page 16.)

doivent rallier au jour fixé le chef-lieu de leur circonscription de recrutement. (Voir, page 15, les délais de l'insoumission.)

sont justiciables
- des conseils de guerre
  - pour tous crimes ou délits
    - en cas de mobilisation, de l'appel au congédiement;
    - en cas de convocation, de l'arrivée ou de la réunion en détachement jusqu'au renvoi;
    - lorsqu'ils sont hospitalisés, escortés ou écroués comme militaires.
  - pour tous crimes ou délits militaires, lorsqu'ils ont agi en uniforme (1);
  - pour certains crimes ou délits militaires (2), lorsqu'ils ont été renvoyés dans leurs foyers depuis moins de 6 mois et qu'ils n'étaient pas porteurs d'uniforme.
- des tribunaux ordinaires
  - pour faits de droit commun hors le cas d'appel;
  - pour infraction aux obligations spéciales. (Page 16.)
- de la pénalité militaire
  - toutes les fois qu'ils sont justiciables des conseils de guerre;
  - pouvant toujours être mitigée par l'admission de circonstances atténuantes s'ils ont moins de 3 mois de service et hors le cas de mobilisation.

sont passibles
- de punitions disciplinaires (voir Décret du 16 mars 1878)
  - prononcées exclusivement par les officiers généraux ou supérieurs;
  - ne pouvant dépasser
    - 1 mois de prison, lorsqu'ils sont congédiés depuis moins de 6 mois;
    - 15 jours de prison dans le cas contraire.
  - réprimant
    - les infractions spéciales ne constituant pas des délits (voir page 16);
    - le retard non justifié n'excédant pas 8 jours et ne constituant pas l'insoumission;
    - les infractions à la discipline commises par des hommes en uniforme (1);
    - les actes de désobéissance aux ordres de l'autorité militaire relatifs aux lois militaires;
- des peines de droit commun dans tous les autres cas.

La réserve de l'armée territoriale

- se compose
  - des hommes libérés de l'armée territoriale depuis moins de 6 ans;
  - des hommes libérés de la réserve de l'armée de mer depuis moins de 11 ans (3);
- est assujettie aux mêmes règles que l'armée territoriale;
- n'est appelée à l'activité qu'en cas d'insuffisance de l'armée territoriale;
- est levée par classe, en commençant par la moins ancienne.

---

(1) Voir page 8, note 4.
(2) Voir cette énumération ci-après, page 14, note 3.
(3) Voir page 5, note 6.

Armée de mer.

(Loi du 27 juil. 1872, art. 37 ; et Loi du 18 nov. 1875 rendue applicable à la marine le 31 déc. suiv.)

L'armée de mer se divise en

armée active (1) comprenant

des inscrits maritimes soumis à des règles spéciales :

individus
- exerçant des professions maritimes (Loi du 3 brumaire an IV) ;
- s'étant fait volontairement inscrire à Paris ;

astreints au service de la flotte à 20 ans ;

pouvant devancer leur levée à partir de l'âge de 18 ans ;

liés au service (Décret du 31 déc. 1872)
- actif, pendant 5 ans, avec faculté pour la marine de les placer en congé renouvelable, sans solde ;
- pendant 2 autres années, à titre de congé renouvelable ;

ne pouvant être levés après cette double période que par décret et en cas d'armements extraordinaires (Décret du 30 septembre 1860) ;

jouissant de certains priviléges (pensions, secours aux enfants, veuves et orphelins, etc.) ;

se divisant en
- inscrits provisoires (novices) admissibles dès l'âge de 16 ans ;
- inscrits définitifs à partir de 18 ans (Arrêté min. du 29 avr. 1874 relatifs aux hommes de l'armée de terre qui veulent se faire inscrits maritimes).

présents au corps comme
- levés { d'office, à 20 ans ; sur leur demande, à partir de 18 ans ;
- réadmis après accomplissement du temps de service actif obligatoire.

des engagés volontaires admissibles
- dans les corps où les engagements sont déclarés ouverts par décision du ministre de la marine ;
- dans les conditions prévues au décret du 18 juin 1873 ;
- pour 5 ans (2) ou pour la durée d'une guerre ;

des rengagés pour 3 ans au moins et 5 ans au plus (même décret) (3) ;

des jeunes soldats
- ayant devancé l'appel et choisi un des corps de la marine ;
- affectés à l'armée de mer comme ayant obtenu au tirage les premiers numéros ;
- ayant permuté avec un jeune soldat de l'armée de terre. (Décret du 18 juin 1873. (Voir page 7, note 2.)

réserve comprenant

les jeunes soldats, les engagés volontaires (4), les non-disponibles (V. page 12) } libérés du service de l'armée active ;

un corps d'officiers de réserve
- organisé par le Décret du 9 août 1877 et l'arrêté ministériel du 28 juin 1878 ;
- assujetti aux mêmes règles que dans l'armée de terre ;
- relevant, pour la discipline, du ministre de la marine.

dans laquelle les hommes sont maintenus pendant 4 ans (Loi du 4 décembre 1875) ;

pouvant être appelée distinctement de celle de l'armée de terre ;

au sortir de laquelle les hommes de l'armée de mer passent directement dans la réserve de l'armée territoriale où ils restent 11 années. (Voir page 5, note 6.)

NOTA : La réserve de la marine, partagée en 5 circonscriptions, est administrée par les *bureaux de réservistes* placés dans les 5 ports militaires (Décret du 25 avril 1874) ; toutefois, les bureaux de recrutement tiennent un contrôle spécial des réservistes de l'armée de mer domiciliés dans leur ressort. Ces derniers relèvent en principe de l'autorité et des juridictions maritimes (Loi du 31 décembre 1875) ; mais, d'une part, les commandants de recrutement ont l'initiative de la poursuite des infractions spéciales (voir page 16) de la compétence des tribunaux ordinaires ; d'autre part, en ce qui touche le pouvoir disciplinaire, l'autorité militaire est considérée comme investie d'une délégation tacite en vertu de laquelle elle réprime les infractions commises par les réservistes de la marine et ne constituant pas des délits. (Circ. du ministre de la marine, 14 juin 1878.)

En cas d'appel, les réservistes de la marine doivent rallier directement le port chef-lieu de leur circonscription de réserve : ils effectuent le trajet par les voies ferrées et sans avance d'argent, au moyen des bons de chemin de fer annexés à leur livret.

---

(1) Indépendamment des officiers ou assimilés, officiers-mariniers, sous-officiers et agents des divers corps de la marine.
(2) L'engagement conditionnel d'un an n'est pas reçu dans l'armée de mer. (Voir instruction du 9 mars 1874 sur le passage dans l'armée de mer des engagés conditionnels provenant de l'armée de terre.)
(3) Toutefois, les conditions du rengagement des sous-officiers, dans les corps de troupes de la marine, sont réglées comme pour l'armée de terre. (Instruction ministérielle du 12 août 1878.) Voir page 7.
(4) Le temps de réserve dû par les engagés se confond avec le temps de leur rengagement. (Décret du 18 juin 1873, art. 24.)

Non-disponibles.

*(Loi du 13 mars 1875, art. 19 et suiv.; et circulaires ministérielles des 1ᵉʳ septembre 1877 (Guerre)
et 3 octobre 1877 (Marine).*

On appelle *non-disponibles* certains hommes de la réserve de l'armée active, de l'armée territoriale et de sa réserve qui, en considération de l'emploi qu'ils occupent dans certains services publics ou d'intérêt général, sont placés dans une catégorie distincte, ayant des droits et des devoirs spéciaux.

Sont *non-disponibles* les individus employés à un titre quelconque (1) dans

- les compagnies de chemins de fer,
- l'administration des postes,
- l'administration des lignes télégraphiques,
- l'administration, les arsenaux et établissements de la marine (2),
- l'administration et les établissements de la guerre,
- le service des voies navigables et des phares,
- le corps forestier,
- les douanes,
- les compagnies de sapeurs-pompiers des places fortes.

Les non-disponibles

- sont rayés du registre matricule et portés sur un contrôle spécial;
- reçoivent un titre spécial constatant leur situation militaire;
- sont dispensés
  - de toute obligation militaire en temps de paix;
  - de rejoindre immédiatement en cas de mobilisation; ils attendent à leur poste un ordre individuel;
  - de régulariser leur situation et leurs pièces; ce soin incombe à leur administration.
- s'ils viennent à cesser leurs fonctions, doivent dans les 4 jours en informer la gendarmerie;
- sont, même à leur poste, soumis aux juridictions militaires pour tous crimes délits, à dater de la mobilisation de leur classe.

Sont organisés militairement pour le cas de guerre, les agents

- de la trésorerie et des postes (Décret du 24 mars 1877);
- des chemins de fer (Décret du 23 décembre 1876);
- des télégraphes (Décision du 15 octobre 1875);
- des forêts (Décret du 2 avril 1875) (3);
- des douanes. (Décret du 2 avril 1875) (4).

---

(1) A cette liste il convient d'ajouter les catégories de fonctionnaires et employés énumérés au tableau B annexé à l'instruction.

(2) Cette catégorie, qui comprend tout le personnel non militaire du département de la marine, embrasse également les ouvriers des arsenaux, forges, fonderies et établissements de la marine.

(3) Rendu applicable à l'Algérie le 13 novembre 1876.

(4) Rendu applicable à l'Algérie le 23 octobre 1876.

Engagés conditionnels d'un an (1) (*Volontariat*).

(Loi du 27 juillet 1872, art. 53 à 58 ; et Loi du 24 juillet 1873, art. 38.)

L'engagement conditionnel d'un an est contracté : devant l'officier de l'état-civil, au chef-lieu de chaque département, ainsi que dans les villes de Montluçon, Aix, Romans, Mirande, Verdun, Belfort, Parthenay, Toulon et Neufchâteau. (Décret du 25 mai 1875.)

Sont admis à souscrire avant le tirage au sort un engagement d'un an :

les titulaires : des diplômes { de bachelier ès-lettres ou ès-sciences, de fin d'études, } des brevets de capacité ;

les élèves (2) :
de l'école centrale des arts et manufactures ;
du conservatoire de musique ;
des écoles nationales { des beaux-arts, vétérinaires, d'agriculture ; }
de l'école des haras du Pin (Loi du 31 déc. 1875) ;
externes de l'école { des mines, des ponts et chaussées, du génie maritime ; }
de l'école des mineurs de Saint-Etienne ;

les jeunes gens qui satisfont à un des examens (3) spéciaux déterminés par le ministre de la guerre. (Décret du 31 octobre 1872.)

Tous les engagés conditionnels doivent être déclarés propres au service (4).

Droits de l'engagé volontaire d'un an :
il n'est astreint, en temps de paix, qu'à une année de service actif : passé ce temps, il est considéré comme disponible ;
il peut, s'il a satisfait aux examens prévus, obtenir un brevet de sous-officier ;
il peut obtenir un brevet de sous-lieutenant en passant un examen { après une deuxième année au corps (Programme au *Journal officiel* du 17 janvier 1878) ; après un an, s'il a obtenu un brevet de sous-officier ou la note *très-bien*. (Circ. du 19 octobre 1878. — Programme sus-visé.) }

Obligations de l'engagé volontaire d'un an :
il doit, à moins d'exception admise par le ministre de la guerre (5), verser une somme de 1500 fr. représentative des frais de son entretien (Décision ministérielle du 7 septembre 1872) ;
il est incorporé dans l'armée active et soumis aux lois militaires ;
il est astreint à des cours spéciaux et à des règles particulières (Règlement du 14 octobre 1875) ;
il est astreint à certains examens (Programmes des 26 octobre et 14 décembre 1875) ;
il peut être maintenu au service une seconde année faute de satisfaire aux examens prescrits ;
il peut être déclaré déchu de ses droits { si, après 2 ans, il ne satisfait pas aux examens, si, pendant la première ou la deuxième année, il commet des fautes graves et répétées contre la discipline ; }
il est maintenu au service en temps de guerre ;
en cas de mobilisation, il marche avec la classe à laquelle il appartient par son engagement. (Voir page 5, note 7.)

---

(1) Consulter, pour plus de détails sur les formalités du volontariat, le décret du 1er décembre 1872, ainsi que celui du 30 janvier 1873 qui admet à cet engagement les hommes mariés ou veufs avec enfants.

(2) Ces jeunes gens, ainsi que les élèves des écoles supérieures d'agriculture et de commerce, admissibles par ailleurs au volontariat, peuvent, tout en contractant, dans l'année qui précède l'appel de leur classe, l'engagement conditionnel d'un an, obtenir un sursis de l'autorité militaire qui peut les laisser dans leurs foyers, en temps de paix, jusqu'à l'âge de 24 ans révolus.

(3) Cet examen peut être subi aux colonies par les jeunes gens qui y sont domiciliés. (Circ. du 16 janvier 1873.)

(4) Le jeune homme reconnu d'abord impropre au service et déclaré bon lors de la révision de sa classe est admis, dans l'année, à l'engagement conditionnel d'un an. (Loi du 31 décembre 1875.)

(5) Cette exception doit être motivée par l'indigence de la famille du volontaire et par les preuves de capacité qu'il a données dans l'examen où il doit avoir obtenu la note *très-bien*.

Compétence et pénalité générales.

(Loi du 18 novembre 1875, art. 10 à 19.)

Compétence des

- **conseils de guerre (2)**
  - **pour tous crimes ou délits** — tous individus atteints par la loi militaire :
    - cadre permanent et soldé de l'armée territoriale ;
    - en cas de mobilisation, de l'appel au congédiement (1)
    - en cas de convocation, de l'arrivée ou de la réunion jusqu'au renvoi ;
    - hospitalisés, escortés ou écroués comme militaires.
  - **pour tous crimes ou délits militaires**
    - les non-disponibles, lorsqu'ils sont maintenus dans leurs foyers après mobilisation de leur classe ;
    - tous autres individus atteints par la loi militaire et ayant agi en uniforme.
  - **pour certains crimes ou délits militaires (3)**
    - hommes de la disponibilité ou de la réserve congédiés après appel sous les drapeaux ;
    - hommes de l'armée territoriale et de sa réserve renvoyés dans leurs foyers depuis moins de six mois ;
  - **pour insoumission**, tous individus appelés en vertu des lois militaires (2).
- **tribunaux ordinaires**
  - les hommes n'ayant jamais servi, sauf le cas d'insoumission ;
  - les auteurs d'infractions aux obligations spéciales de déclaration, etc. (voir page 16) ;
  - les auteurs et complices des crimes et délits se rattachant au recrutement, sauf l'insoumission (voir page 15) ;
  - tous individus atteints par la loi militaire et auteurs de crimes ou délits ne tombant pas sous l'action des conseils de guerre.

La pénalité militaire est applicable

- **intégralement**
  - à l'effectif permanent et soldé de l'armée territoriale ;
  - aux non-disponibles maintenus dans leurs foyers après mobilisation de leur classe ;
  - aux disponibles, réservistes et territoriaux hors de leurs foyers.
- **seulement pour certains crimes ou délits (3)** — aux disponibles et réservistes, aux territoriaux (4)
  - renvoyés dans leurs foyers après appel sous les drapeaux ;
  - en cas de mobilisation, quel que soit leur temps de service ;
- **avec faculté de la mitiger par l'admission de circonstances atténuantes**
  - **dans les seuls cas prévus par le Code militaire**
    - si le coupable, justiciable des conseils de guerre, a plus de 3 mois de service, même en plusieurs fois. (Circ. du 18 février 1876.)
  - **même en dehors des cas prévus au Code militaire**
    - pour faits d'insoumission ;
    - si le coupable, justiciable des conseils de guerre, a moins de 3 mois de service et n'est pas mobilisé ;
    - si le coupable, présent dans ses foyers, y a été renvoyé depuis plus de 6 mois (5).

---

(1) Sauf en ce qui touche les hommes n'ayant jamais servi, qui ne sont justiciables qu'à dater de leur réunion en détachement ou de leur arrivée à destination.

(2) Les hommes n'ayant jamais servi ne sont justiciables des conseils de guerre que pour insoumission seulement. — Les règles ci-dessus ne sont, d'ailleurs, applicables que sous réserve des exceptions prévues au livre II du Code militaire (complicité, etc.).

(3) Ces faits, énumérés au tableau annexé à l'art. 18 de la loi du 18 novembre 1875, sont les suivants : violence envers une sentinelle (art. 220) ; voie de fait et outrages envers un supérieur (art. 223 et 224) ; rebellion (art. 225) ; abus d'autorité (art. 226, 228 et 229) ; provocation à la désertion (art. 242, § 1er) ; vol militaire (art. 248) ; blessures faites à un blessé pour le dépouiller (art. 249) ; pillage, destruction, dévastation d'édifice (art. 250 à 255) ; meurtre chez l'habitant (art. 256) ; port illégal d'insignes (art. 266).

(4) Si les territoriaux ont été renvoyés dans leurs foyers depuis plus de 6 mois, ils sont traduits devant les tribunaux correctionnels.

(5) Cette hypothèse ne peut se présenter que pour les faits énumérés à la note 3 ci-dessus, puisque l'homme présent dans ses foyers n'est passible de la pénalité militaire que pour ces délits spéciaux.

— 15. —

Délits et peines prévus par la loi du recrutement (1).

(Loi du 27 juillet 1872, art. 60 à 68.)

L'appel des hommes s'effectue
- par ordres individuels adressés au domicile (mode désormais réservé aux appels spéciaux à certains corps et abandonné en cas de convocations générales). (Circ. minist. du 9 juillet 1878.)
- par affiches (2) et publications sur la voie publique. (Loi du 19 mars 1875.)

Insoumission

délais de grâce

en temps de paix
- en France
  - engagés volontaires,
  - hommes appelés et n'ayant pas servi, } un mois ;
  - disponibles, réservistes et territoriaux ayant servi — 15 jours.
- individus résidant
  - en Algérie ou en Europe — 2 mois
  - dans tout autre pays — 6 mois (3) } sans distinction de qualité.

en temps de guerre
- individus résidant en France — 2 jours ;
- individus résidant
  - en Algérie ou en Europe — 1 mois,
  - en tout autre pays — 3 mois, } sans distinction de qualité.

en cas de mobilisation par affiches — mêmes délais que pour le temps de guerre.

pénalités
- en temps de paix — emprisonnement d'un mois à 1 an ;
- en temps de guerre
  - emprisonnement de 2 à 5 ans ;
  - envoi dans une compagnie de discipline lors de l'élargissement ;
  - affichage des noms des insoumis.
- avec applicabilité des circonstances atténuantes
  - dans les conditions de l'art. 463 du Code pénal pour les jeunes soldats et engagés volontaires ;
  - avec impossibilité de remplacer l'emprisonnement par l'amende à l'égard de tous autres appelés. (Art. 19, Loi du 18 novembre 1875.)

Délits spéciaux (4)
- fraudes en matière de recrutement — prison de 1 mois à 1 an ;
- recèlement d'insoumis — prison pour 6 mois au plus, amende de 20 à 200 fr. ;
- complicité d'évasion — prison de 1 mois à 1 an ;
- obstacle au départ des jeunes soldats — prison de 1 mois à 1 an ;
- même délit commis à l'aide d'attroupement, — prison de 2 mois à 2 ans ;
- même délit commis par un fonctionnaire ou ministre du culte — prison de 2 mois à 2 ans, avec adjonction d'une amende de 2000 fr. au plus ;
- mutilation volontaire (5) — prison de 1 mois à 1 an ;
- médecins, etc., complices de ce délit — prison de 2 mois à 2 ans et amende de 200 à 1000 fr.

Faits de corruption
- abus de pouvoir et autres délits des fonctionnaires — amende de 200 à 500 fr. et interdiction des fonctions publiques ;
- acceptation de dons ou promesses par des médecins, etc., en vue d'une cause de dispense justifiée ou non — prison de 2 mois à 2 ans ;
- offres des dons et promesses ci-dessus — même pénalité.

NOTA : Toutes ces pénalités sont réductibles par l'admission des circonstances atténuantes dans les conditions de l'art. 463 du Code pénal.

(1) L'art. 80 de la loi du 27 juillet 1872, ayant abrogé sans réserve toutes les lois antérieures relatives au recrutement de l'armée, a abrogé, notamment, toutes les pénalités édictées par les lois des 21 mars 1832 et 1er février 1868. (Arrêt de cassation du 2 août 1873.)
(2) Aux termes de l'art. 230 du Code militaire et de la Loi du 19 mars 1875, l'affiche ne tient lieu tout à la fois d'ordre d'appel et d'ordre de route qu'en cas de *mobilisation ;* aussi l'emploi des affiches au cas de convocation pour des manœuvres, exercices ou revues, remplace bien l'ordre d'appel, mais ne dispense pas l'autorité militaire d'adresser à l'appelé retardataire un ordre de route individuel qui sert de point de départ aux délais de l'insoumission.
(3) Ces délais sont doublés pour les pays d'outre-mer en cas de guerre maritime. (Loi du 3 mai 1862. — Instruction ministérielle du 23 décembre 1873.)
(4) La tentative de ces délits est punissable comme le fait lui-même.
(5) La mutilation volontaire commise par un jeune soldat déjà incorporé ne constitue pas un délit, et n'est punissable que de l'envoi dans une compagnie de discipline.

Obligations et pénalités spéciales.

(*Loi du 18 novembre 1875, art. 19 à 22.*)

Obligations spéciales, communes aux disponibles, réservistes et territoriaux :

déclaration de
- changement de domicile : au maire de la commune qu'ils quittent, et au maire de celle qu'ils viennent habiter ;
- changement de résidence au chef de la gendarmerie du lieu où ils vont résider ;
- voyage excédant deux mois (1) au chef de la gendarmerie du lieu qu'ils quittent.

visa du certificat constatant la situation de l'homme au service, par le chef de la gendarmerie des points de départ et d'arrivée, en cas de changement de domicile.

représentation du certificat
- à toute autorité militaire, judiciaire ou civile ;
- dans les vingt-quatre heures, en cas de mobilisation, d'appel ou de convocation ;
- dans les huit jours en tout autre cas.

éloignement de tout rassemblement tumultueux sous peine
- de punition disciplinaire s'ils sont en bourgeois (instruction ministérielle du 18 février 1876) ;
- des peines de la rébellion (art. 225 du Code militaire) s'ils sont en armes ou revêtus d'un effet d'uniforme (même instruction).

marques extérieures de respect et relations hiérarchiques entre inférieurs et supérieurs en uniforme.

Pénalités spéciales

disponibles et réservistes
- non-déclaration de changement
  - de domicile — amende de 16 à 200 fr. — prison facultative de 15 jours à 3 mois ;
  - de résidence — amende de 16 à 50 fr. — prison de 6 jours à un mois, ou l'une des deux ;
- retard de plus de 8 jours aux manœuvres — prison de 6 jours à 1 mois.

territoriaux
- non-déclaration de changement
  - de domicile — amende de 16 à 50 fr. — prison facultative de 6 jours à un mois ;
  - de résidence — amende de 16 à 25 fr. — prison de 6 jours à 15 jours, ou l'une des deux ;
- retard de plus de 8 jours aux manœuvres — prison de 6 jours à 15 jours.

non-représentation du certificat militaire — punition disciplinaire ;

en temps de guerre ou de réitération, ces peines sont doublées.

Tout retardataire peut être contraint de compléter le temps qu'il devait.

NOTA. — L'art. 463 du Code pénal (circonstances atténuantes) est applicable à ces diverses pénalités.

Effet des circonstances atténuantes admises en dehors des cas prévus par le Code de justice militaire

Pénalité encourue.	Pénalité mitigée.
mort { infamante	travaux forcés à perpétuité ou à temps ;
mort { non-infamante	détention ;
travaux forcés à perpétuité	travaux forcés à temps ou réclusion ;
travaux forcés à temps	réclusion, dégradation militaire ou prison de 2 à 5 ans ;
détention ou réclusion	dégradation militaire ou prison de 1 à 5 ans ;
maximum d'une peine	possibilité de descendre au minimum ;
dégradation militaire	emprisonnement de 3 mois à 2 ans ;
travaux publics	emprisonnement de 2 mois à 5 ans ;
emprisonnement	réductible au minimum, mais ne pouvant être remplacé par l'amende ;
destitution	toujours prononcée.

(1) Au-dessous de deux mois, la déclaration est facultative, mais permet seule à l'homme, en cas de convocation, d'exciper de son éloignement momentané.

Droit de réquisition (1).

(Loi du 3 juillet 1877 ; et décret du 2 août suivant.)

Sont soumis

à un recensement
- chaque année avant le 16 janvier : les chevaux et mulets qui ont atteint l'âge de 5 ans au 1er janvier ; les mulets et mules qui ont atteint l'âge de 3 ans ;
- tous les 3 ans à la même date : les voitures attelées de chevaux et mulets ; à l'exception de celles qui sont affectées au seul transport des personnes ;

à une inspection et à un classement
- effectués, chaque année, par des commissions mixtes ;
- les chevaux, juments, mulets et mules
- les voitures attelées de chevaux, mulets, etc. } recensés ou non.

Sont exempts de classement et de réquisition
- les chevaux appartenant au chef de l'Etat et aux agents diplomatiques des puissances étrangères ;
- les chevaux des cavaliers volontaires de l'armée territoriale (Loi du 13 mars 1875, art. 49) ;
- les étalons et juments consacrés à la reproduction ;
- les animaux et voitures affectés à un service public (postes, chemins de fer, etc.) ;
- reconnus impropres au service par les commissions mixtes ;

Donnent lieu à une amende
- égale à la moitié du prix, le fait de n'avoir pas conduit au lieu indiqué les voitures et animaux ;
- de 50 à 2000 fr. ; toute fausse déclaration en ces matières ;
- de 25 à 100 fr., toute autre contravention aux règles ci-dessus.

L'autorité militaire peut requérir (4)

en tout temps
- le logement (2) et le cantonnement des hommes, chevaux, etc. ;
- la nourriture journalière des hommes logés chez l'habitant ;
- les vivres, le fourrage, le chauffage, la paille de couchage ;
- les moyens d'attelage et de transport (3) ;
- les bateaux ou embarcations et leur personnel (3) ;

en cas de mobilisation
- les moulins et fours, les matériaux, outils, machines, etc. ;
- les guides, messagers, conducteurs et ouvriers ;
- le traitement des malades ou blessés chez l'habitant ;
- les objets d'équipement, d'habillement, etc., les médicaments et toutes choses nécessaires ;

des compagnies de chemins de fer
- toutes leurs ressources en personnel et matériel ;
- au prix de revient, le combustible et les matières nécessaires ;
- les dépendances des gares, les bureaux et fils télégraphiques ;
- en temps de guerre, la suspension absolue, sans indemnité, des transports commerciaux.

- les chevaux, juments, mulets et mules avec bonne ferrure, bridon, licol et longe
- les voitures attelées et leurs harnais
} dans l'ordre désigné par le sort (5) ;

La réquisition
- doit être formulée par écrit, signée ; il est donné reçu des objets fournis ;

entraîne
- contre son auteur, en cas d'abus de pouvoir, les peines prévues aux art. 194, 248 et 250 du Code militaire ;
- contre le maire qui refuse d'y prêter son concours, une amende de 25 à 500 francs ;
- contre les habitants qui n'y obtempèrent pas, une amende qui ne peut excéder le double de la prestation requise ;
- contre celui qui abandonne un service pour lequel il est personnellement requis
  - en temps de paix, une amende de 16 à 50 fr. ;
  - en temps de guerre, 6 jours à 5 ans de prison prononcés par le conseil de guerre.

(1) L'autorité maritime exerce, en matière de réquisition, les mêmes droits que l'autorité militaire. (Voir Décret du 2 août 1877, art. 65 à 73.)
(2) Le logement n'est pas exigible *en nature* des veuves et filles vivant seules ni des communautés religieuses de femmes.
(3) Cette réquisition ne peut excéder 24 heures hors le cas de mobilisation.
(4) Les mêmes règles sont applicables à l'autorité maritime. (Décret du 2 août 1877, art. 65 à 73.)
(5) Les propriétaires ont le droit de substituer à l'animal requis et tombé au sort un animal de la même catégorie. Cette réquisition générale, réservée au cas de mobilisation, entraîne pour les propriétaires l'obligation d'amener leurs animaux et voitures au lieu de rassemblement et au jour fixés par l'autorité militaire.

Dommages et remboursement.

I. — RÉQUISITIONS MILITAIRES. (*Loi du 3 juillet 1877; et Décret du 2 août suivant.*)

Toute réquisition motive une indemnité

fixée :

- sauf le logement et le cantonnement { n'excédant pas 3 nuits, en cas de manœuvres, pendant la période de mobilisation ;
- par des commissions mixtes ;
- pour les chevaux { d'après le classement effectué, au prix du budget de la remonte ;
- pour les voitures, d'après le prix courant du pays ;
- pour les chemins de fer, d'après un règlement d'administration publique ;
- dans les autres cas, sur un état récapitulatif fourni par le maire et indiquant, avec tous renseignements, le prix réclamé.
- en cas de réclamation (1) { par le juge de paix { en dernier ressort jusqu'à 200 fr., en premier ressort jusqu'à 1500 fr. } sommairement par le tribunal civil au-dessus de 1500 fr.

payée :
- au comptant par les soins de l'intendance et des receveurs municipaux ;
- en temps de guerre, par bons du trésor portant intérêt à 5 p.0/0;
- pour les chevaux et voitures, en mandats sur le trésor.

II. — GRANDES MANŒUVRES. (*Loi du 24 juillet 1873, art. 28.*)

Les indemnités
- dues pour dommages causés aux propriétés privées par les troupes, doivent être réclamées à la mairie dans les 3 jours au plus tard ;
- sont arbitrées par une commission mixte ;
- sont payées comptant en cas d'acceptation ;
- sont fixées, en cas de désaccord, par les tribunaux comme ci-dessus.

III. — TRAVAUX DE DÉFENSES. (*Lois des 10 juillet 1791 et 17 juillet 1819.*)

Les travaux effectués
- en temps de paix, ont lieu dans les conditions de l'expropriation pour cause d'utilité publique. (Loi du 3 mai 1841.)
- en temps de guerre { motivent une indemnité s'ils ne constituent pas des faits de guerre et ne sont que des mesures préventives de défense (Cass., 24 février 1874) ; sont supportés sans recours par les propriétaires, s'ils sont accomplis comme faits de guerre.

NOTA. — En cas de contestation, les tribunaux judiciaires sont seuls compétents pour apprécier les dommages dès qu'il n'y a pas faits de guerre. (Tribunal des conflits, décision du 11 janvier 1873.)

---

(1) Le prix offert est notifié aux intéressés dans les 24 heures de la réception de l'offre à la mairie ; ceux-ci ont quinze jours pour réclamer au maire une indemnité supérieure ; passé ce délai, l'allocation est définitive.

Rôle des Maires en matière de recrutement, de mobilisation et de réquisition.

I. — FORMATION DES LISTES DE RECRUTEMENT (1).

Le maire
- dresse la liste du contingent communal ;
- inscrit
  - sur leur déclaration, les jeunes gens qui font partie de la classe ;
  - d'office,
    - d'après les registres de l'état civil, ceux qui n'ont pas fait de déclaration ;
    - d'après la notoriété publique, ceux qui ne peuvent établir la date de leur naissance ;
- mentionne les infirmités et causes de dispenses alléguées par chacun d'eux ;
- aide, au besoin, les pères de famille pour l'établissement des certificats relatifs aux causes de dispenses, d'exemptions, etc.

II. — TIRAGE AU SORT ET RÉVISION (1).

Le maire
- assiste au tirage et à la révision et y surveille les intérêts de ses administrés ;
- tire pour ceux qui sont absents et non représentés ;
- donne son avis, ainsi que le conseil municipal, à l'égard des soutiens de famille ;
- rend compte, chaque année, au conseil de révision de la situation des soutiens de famille ;
- surveille la situation de tous les hommes dispensés. (Circ. du 29 novembre 1873.)

III. — CHANGEMENTS DE DOMICILE DES HOMMES. (*Lois du 27 juil.* 1872, *art.* 34 ; *et du 18 nov.* 1875.)

Le maire
- reçoit les déclarations de changement de domicile au départ comme à l'arrivée ;
- donne, dans les huit jours, avis au bureau du registre matricule des déclarations reçues ;
- informe le bureau de recrutement dont relève la commune du décès de tout homme âgé de 20 à 40 ans. (Circ. du 13 avril 1877.)

IV. — MOBILISATION ET CONVOCATION.

Le maire doit prêter son concours pour l'apposition des affiches ou la remise des ordres de route.

V. — RÉQUISITIONS MILITAIRES. (*Loi du 3 juillet* 1877 ; *et Décret du 2 août suivant.*)

Le maire
- sert d'intermédiaire entre ses administrés et l'autorité militaire, à moins que la municipalité ne soit point représentée ;
- répartit les prestations exigées
  - seul, en cas d'urgence extrême ou de force majeure ;
  - normalement, avec l'assistance des deux premiers conseillers municipaux inscrits et de deux des plus imposés.
- délivre à chaque habitant un reçu des prestations fournies ;
- répartit équitablement le logement et le cantonnement ;
- délivre les billets de logement de façon à faciliter le rassemblement des corps ;
- présente au commandant des troupes logées les réclamations des habitants pour dégâts et dommages ;
- a le droit de pourvoir directement, aux frais du budget municipal, à la fourniture et à la livraison des prestations requises ;
- en cas de refus de concours, est passible de 25 à 500 fr. d'amende ;
- centralise le remboursement des indemnités dues à ses administrés ;
- adresse sans délai à la commission compétente
  - copie de l'ordre de réquisition ;
  - un état nominatif indiquant
    - les personnes qui ont fourni,
    - les quantités livrées,
    - le prix réclamé,
    - la date des réquisitions ;
- reçoit avis des indemnités offertes et les notifie à chaque ayant-droit ou à leur résidence dans les 24 heures ;
- transmet au juge de paix les réclamations survenues et envoie des avertissements sans frais à l'autorité militaire et au réclamant ;
- surveille le paiement des indemnités ;
- effectue le recensement des chevaux et voitures ;
- informe, en cas de mobilisation, les habitants du jour et du lieu où les animaux et voitures doivent être conduits ;
- assiste aux opérations d'inspection, de classement ou de tirage au sort ;
- reçoit et transmet les réclamations des habitants en cas de dommages résultant des grandes manœuvres.

(1) Se reporter à l'instruction ministérielle du 26 novembre 1882.

TABLE ALPHABÉTIQUE.

Pages.

A

Affiches... 15
Ajournement...................................... 6
Appel... 15
Armée active.................................... 5,7
Armée de mer.................................. 5,11
Armée territoriale........................... 5,10
Autorité maritime....................... 11,17

C

Changement de domicile.................. 16,19
Changement de résidence................... 16
Chemins de fer......................... 12,17,18
Chevaux.................................. 17,18,19
Circonstances atténuantes............. 14,15,16
Commission............................... 17,18
Compétence.................................. 14,18
Conseil de guerre. (*Voir* Compétence.)
Conseil municipal.......................... 6,19
Corps forestier............................... 12

D

Déclaration. (*Voir* Changement.)
Délais de grâce.............................. 15
Délits... 15
Déplacement pour voyager................. 16
Dispenses.................................. 6,7,19
Disponibilité 7
Douanes.. 12

E

Ecole forestière.......................... 6,7,9
Ecole polytechnique...................... 6,7,9
Elèves des écoles......................... 6,13
Elèves des séminaires....................... 6
Engagés volontaires..................... 5,7,11
Engagés conditionnels d'un an........ 7,8,9,11,13
Etablissements de la guerre............... 12
Etablissements de la marine 12
Etrangers.. 5
Exclusion des rangs de l'armée............ 5
Exemptions..................................... 6
Exercices................................... 7,8,10

G

Grandes manœuvres..................... 18,19

I

Indemnités................................. 18,19
Infractions spéciales....................... 16
Inscrits maritimes 11
Insoumission 15

J

Jeunes soldats........................... 5,7,11

Pages.

L

Listes du recrutement.................... 5,19
Logement des troupes.............. 17,18,19

M

Maires 19
Manœuvres................................ 7,8,10
Manœuvres (grandes).................... 18,19
Mariage................................. 7,8,10,13
Mobilisation........................ 14,15,16,19
Mulets................................... 17,18,19

N

Non-disponibles 12

O

Obligations spéciales...................... 16
Officiers de l'armée territoriale 10
Officiers de réserve...................... 8,9

P

Pénalité.............................. 14,15,16
Permutation (armée de terre et de mer)...... 7
Perte du grade d'officier................... 9
Pouvoir disciplinaire. (*Voir* Punitions.)
Prix de Rome 6
Punitions disciplinaires............. 7,8,9,10,16

R

Rassemblement tumultueux................ 16
Réclamations............................ 18,19
Rengagés................................. 5,7,11
Réquisitions........................... 17,18,19
Réserve de l'armée active............. 5,8,11
Réserve de l'armée de mer............. 11
Réserve de l'armée territoriale............. 5,10
Révision....................................... 19
Revues.. 7

S

Sapeurs-pompiers........................... 12
Soutiens de famille....................... 6,19
Substitutions............................. 7,17
Sursis d'appel............................... 6

T

Télégraphes.................................. 12
Tirage au sort............................... 19
Travaux de défense........................ 18
Tribunaux ordinaires. (*Voir* Compétence.)

V

Visa du certificat.......................... 16
Voitures 17,18,19
Volontariat. (*Voir* Engagés conditionnels d'un an.)
Voyage.. 16

Bar-le-Duc. — Typographie BERTRAND.

DU MÊME AUTEUR

LE DROIT CIVIL

RÉSUMÉ EN TABLEAUX SYNOPTIQUES

Matières de l'Examen de première année (BACCALAURÉAT)

Généralités — Droits des personnes — Distinction des biens — Propriété et ses démembrements (servitudes, usufruit, etc.) — Art. 1 à 119 et 139 à 710 du Code civil (2ᵉ *édition*)...................... 1 fr. 50

Matières de l'Examen de deuxième année (BACCALAURÉAT)

Successions — Donations — Testaments — Contrats ou Obligations conventionnelles (règles générales) — Prescription — Art. 711 à 1386 et 2219 à 2281 du Code civil (2ᵉ *édition*)...................... 1 fr. 50

Matières de l'Examen de troisième année (LICENCE)

Contrats de mariage, de vente, de louage, etc. (règles spéciales) — Priviléges et hypothéques — Absence — Titre préliminaire — Art. 1387 à 2218, 120 à 138 et 2 à 5 du Code civil...................... 1 fr. 50

LE DROIT ROMAIN

RÉSUMÉ EN TABLEAUX SYNOPTIQUES

Matières de l'Examen de première année (BACCALAURÉAT)

Institutes de Justinien — Livres 1 et 2 (2ᵉ *édition*)........... 1 fr. 50

Matières spéciales au premier Examen de Licence

Institutes de Justinien — Livres 3 et 4 (2ᵉ *édition*)........... 1 fr. 50

LA PROCÉDURE CIVILE

RÉSUMÉE EN TABLEAUX SYNOPTIQUES

Matières du deuxième Examen de Baccalauréat. (Art. 48 à 516 du Code de procédure civile)...................... 1 fr. 50

PARIS, CHALLAMEL AINÉ, ÉDITEUR

ET CHEZ TOUS LES LIBRAIRES

Bar-le-Duc — Typographie Bertrand

www.ingramcontent.com/pod-product-compliance
Lightning Source LLC
Chambersburg PA
CBHW060508200326
41520CB00017B/4949